VICOMTE DE ROMANET

LA CENTRALISATION

BUREAUCRATIQUE

ET

LE MOUVEMENT PROVINCIAL

DISCOURS PRONONCÉ A LA PREMIÈRE ASSEMBLÉE GÉNÉRALE

DE LA SOCIÉTÉ PERCHERONNE D'HISTOIRE ET D'ARCHÉOLOGIE

MORTAGNE, 1er OCTOBRE 1901

BELLÊME

IMPRIMERIE DE GEORGES LEVAYER

1901

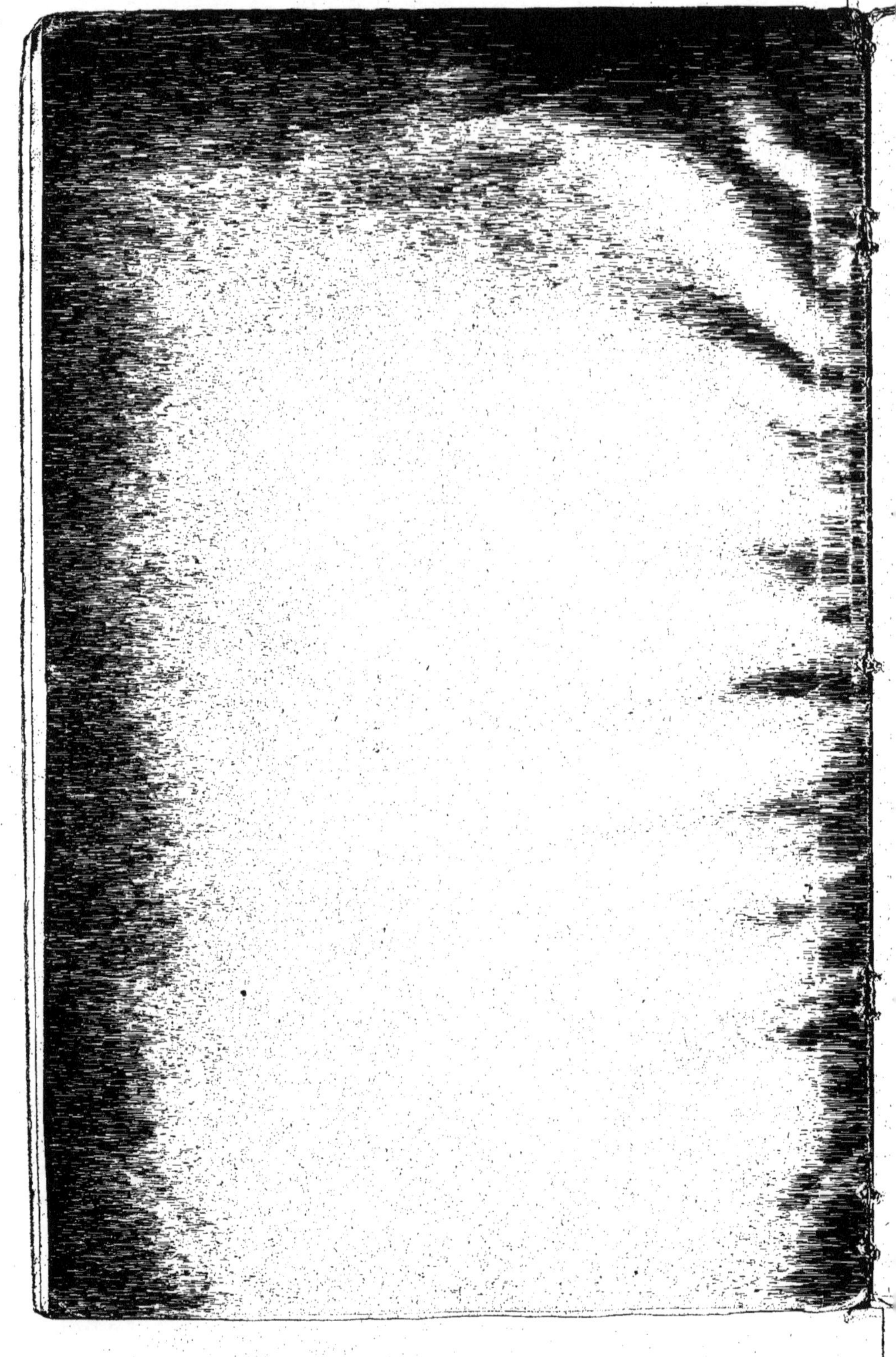

LA CENTRALISATION BUREAUCRATIQUE

ET

LE MOUVEMENT PROVINCIAL

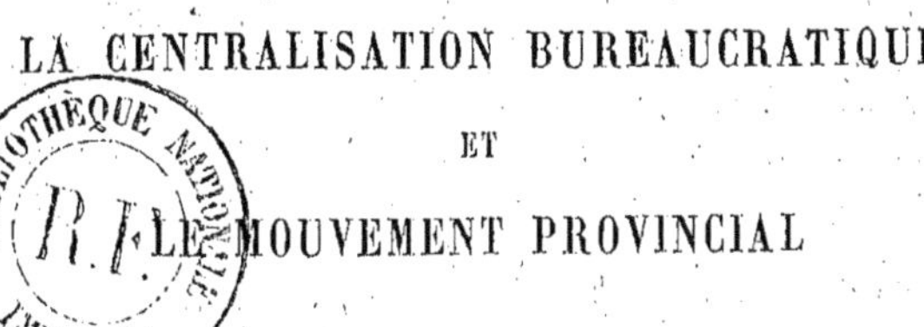

MESDAMES,

MESSIEURS,

L'indulgente amitié de mes confrères me vaut l'honneur de prendre ici le premier la parole aujourd'hui, mais je n'abuserai pas de votre bienveillante attention ; et, quoique les statuts emploient l'expression un peu pompeuse de discours, vous me saurez gré de vous parler très simplement et de résumer, tout en restant le plus clair possible, l'idée maîtresse qui nous a poussés à vous adresser un appel, auquel vous avez bien voulu répondre d'une façon si encourageante.

Mais, auparavant, j'ai un devoir à remplir au nom de tous les membres de notre Société, c'est d'exprimer à M. l'Archiprêtre de Mortagne notre reconnaissance à tous, pour la bonté avec laquelle il a bien voulu nous faciliter l'installation du musée et mettre à notre disposition cette vaste salle pour la présente réunion.

M. le Maire et MM. les Membres du Conseil municipal de Mortagne s'étaient déjà acquis un titre à notre gratitude, en nous offrant pour le musée plusieurs pièces de l'Hôtel de Ville ; mais le local que nous avons trouvé ici offrant de grands avantages, a dû être préféré.

Malgré sa jeunesse, notre Société est déjà éprouvée par un deuil bien cruel ; M. le vicomte des Plas, qui avait bien voulu accepter de représenter dans notre bureau la région de Nogent-le-Rotrou, est mort au château des Clairets, le 15 septembre dernier ; sa belle conduite pendant la guerre de 1870 lui avait valu la croix de la Légion d'honneur et la présidence de la 540e section des Vétérans ; chrétien actif et intelligent, il présidait aussi le Comité des Écoles libres de Nogent-le-Rotrou ;

Il est, je crois, inutile d'insister sur le but et l'objet de notre

c'est avec un profond respect que nous saluons la mémoire de
cet homme d'honneur.

J'ai ensuite à vous remercier, Mesdames et Messieurs, au
nom de notre Société, d'être venus aussi nombreux répondre
à notre invitation ; vous prouvez ainsi votre désir de vous associer aux efforts tentés par nous, pour assurer la conservation
des monuments de notre pays, pour réunir les documents locaux
de tout genre, et pour rendre ainsi plus facile à tous l'étude si
instructive, si importante, naguère encore si négligée, de notre
histoire provinciale.

Il est, je crois, inutile d'insister sur le but et l'objet de notre
société, suffisamment mis en lumière par nos statuts ; mais
pourquoi, nous dira-t-on, organiser ici une nouvelle Société,
quand il en existe déjà d'identiques à Alençon et à Chartres ?
C'est à cette question que je vais essayer de répondre, car elle
est capitale à nos yeux.

Il existe actuellement en France deux mouvements d'opinions,
qui vont en s'accentuant de jour en jour, à mesure que les
circonstances en confirment la justesse et l'importance : l'un
déjà fort ancien, a pour objet la décentralisation, l'autre plus
récent, la reconstitution officielle des provinces (1).

(1) Au commencement de cette étude, nous déclarons très nettement que
nous ne faisons pas ici de *politique*.

La politique est un *art* : celui de gouverner les États, l'histoire est une
science, comprenant la recherche, la critique et l'exposition des faits depuis
l'origine du monde jusqu'au moment où nous sommes (et par là on entend
de plus en plus non seulement la liste et la date des avènements de chefs
d'États et des batailles, mais les faits moraux, économiques et sociaux) ;
le domaine de la première est donc *pratique* et celui de la seconde *théorique*.
De ce que la politique touche malheureusement à tout aujourd'hui, il ne s'en
suit pas que tout soit de la politique.

L'École libre des Sciences politiques, la *Société d'économie sociale* et
les *Unions de la paix sociale*, l'*Académie des sciences morales et politiques*, s'occupent spécialement de la *Science sociale* (ou *Sciences morales
et politiques*) ; on y a souvent étudié ou discuté le sujet que nous abordons
aujourd'hui par son côté historique : nous ne croyons cependant pas qu'on
les ait jamais accusées de faire de la politique ; nous osons donc espérer
qu'on voudra bien nous rendre la même justice. Après avoir recherché des
faits, nous nous bornons, guidé par les historiens les plus autorisés, à essayer
d'exposer l'*idée* qui s'en dégage au point de vue de l'autonomie provinciale
et des conditions générales de la Société sans lesquelles elle ne peut se
concevoir ; cela n'est pas, croyons-nous, sortir des attributions d'une Société
historique. Nous laissons à d'autres, s'ils trouvent cette *idée* juste, le soin

Autant, en effet, il est indispensable que le gouvernement national, quelque soit son nom, ait une puissance assez grande pour assurer l'unité, la sûreté et la grandeur de la Patrie, autant les empiètements croissants du pouvoir central dans la vie familiale, communale et provinciale offrent de dangers divers et nombreux.

§ Ier. — Définition

Au mot de *centralisation* l'éminent sociologue Le Play préfère celui de *bureaucratie* et voici comment il le définissait dans son admirable ouvrage, *La Réforme sociale en France*, publié pour la première fois en 1864 :

« Le désordre social dont il s'agit est l'organisation administrative qui, dans la capitale ou dans les provinces, concentre en apparence l'autorité chez les hauts fonctionnaires responsables devant le Souverain, mais qui la dissémine, en fait, chez des agents groupés en bureaux. La personnalité de ces agents n'est jamais attachée aux actes qu'ils dirigent ; en sorte qu'ils

de rechercher les moyens propres à la mettre en *pratique*, et de nous faire de bonne politique.

Bien loin de vouloir faire ici de la politique, nous voudrions au contraire qu'on pût conclure de l'exposé qui va suivre que faire de la politique sans s'occuper des théories sociales dont l'histoire nous montre l'antagonisme dix-neuf fois séculaire serait vouloir mettre la charrue avant les bœufs ou bâtir sur le vide, puisque la politique est l'art de gouverner les Sociétés humaines nommées États, et que l'une de ces théories, le socialisme, a pour programme *la suppression de la religion, de la famille et de la propriété*, conditions essentielles de toute *Société* humaine, comme Le Play l'a prouvé expérimentalement avec une évidence incontestable.

Le Play écrivait dans l'avertissement de son livre *La Réforme sociale en France* : « Le moment est venu pour la France de substituer aux luttes stériles, suscitées par la corruption de l'Ancien Régime et par les Révolutions de notre temps, une entente féconde basée sur l'observation méthodique des faits sociaux... La réforme que nous n'avons pu accomplir depuis 1789, deviendra facile, si les partis qui nous divisent tolèrent enfin qu'un auteur s'écarte de leur doctrine et exprime librement sa pensée. » Le Play écrivait sous l'*Empire* et était *fonctionnaire* : son livre ne lui valut ni poursuite ni blâme ; il n'est pas à supposer que nous puissions nous attendre à moins de tolérance et il serait vraiment étrange, sous un régime démocratique, de ne pouvoir étudier et exposer en toute franchise les libertés auxquelles les citoyens nous semblent avoir droit, d'après l'histoire du monde civilisé, sans exposer par là ses auditeurs ou ses lecteurs à une persécution quelconque.

joignent la réalité du pouvoir à l'absence de la responsabilité (1) ».

§ II. — Historique de la centralisation bureaucratique

Le mal n'est pas né d'hier ; Le Play nous montre les premiers germes de la bureaucratie semés par les légistes qui, dès le xıv° siècle, important chez nous les idées de la décadence romaine (2), familiarisèrent l'opinion avec l'idée de faire intervenir l'autorité publique dans la vie intime des familles en remplaçant les *coutumes* par des *lois écrites*.

« Le pouvoir royal seconda de bonne heure cette action des légistes pour amoindrir tous les pouvoirs locaux, et les derniers Valois créèrent une multitude d'emplois de justice et de finances ; on ne tenta de réagir que sous le gouvernement réparateur de Henri IV, grâce à l'influence du grand Sully qui regardait « l'excessive quantité des fonctionnaires comme les « certificats sans réplique des malheurs arrivés à un État et les « avant-coureurs de sa ruine (3) ».

Bry de la Clergerie écrivait en 1620 que là où un seul fonctionnaire suffisait cinquante ans auparavant, il y en avait déjà plus de quarante « tant la France se plaist en la confusion et « tend à sa ruine par le nombre et multiplicité d'officiers « inutiles qui mangent en gages le plus clair revenu du roy et « toute la substance de son pauvre peuple (4) ».

Mais bientôt, la royauté, désirant provoquer la prospérité publique et privée ne crut pas mal faire en envahissant les modes d'activité jusqu'alors réservés à l'initiative individuelle, et fut conduite à se passer pour cela des légistes, qui, se trouvant à demi indépendants et portés par éducation, par sentiment d'honneur à respecter les lois n'avaient pas la souplesse nécessaire. « C'est alors, dit Le Play (5), que fut définitivement

---

(1) *La Réforme sociale en France*, 4ᵐᵉ éd., t. III, p. 330.

(2) « C'est l'empire romain qui a établi en Europe la centralisation administrative ». FUSTEL DE COULANGES, *Hist. des instit. polit. de l'ancienne France*, p. 97.

(3) *Mém. de Sully*, édit. de 1745, liv. xII, p. 70.

(4) *Hist. des pays et comté du Perche et duché d'Alençon* par BRY DE LA CLERGERIE, p. 6.

(5) *La Réforme sociale*, III, p. 334.

inauguré, sous l'impulsion de Colbert, le règne d'une classe
plus flexible et moins scrupuleuse, celle des intendants, et plus
généralement, des hauts fonctionnaires civils à charges non
vénales..., qui eut bientôt envahi la majeure partie du domaine
individuel et faussé tous les éléments de la constitution
sociale... » Grâce à ce concours, l'État se substitua aux pouvoirs
locaux, aux corporations et aux familles, pourvut aux services
de la police, de la voirie, de la salubrité et intervint par une
multitude de mesures, dans les travaux de l'agriculture, des
manufactures et du commerce.

Plusieurs des États provinciaux, qui existaient dans la France
entière au xive siècle, furent supprimés dès le milieu du xve ;
ceux du Perche doivent être de ce nombre, car notre province
semble ne plus être qu'un pays d'élection dès 1466 (1) ; les États
du Rouergue furent supprimés vers 1609 (2), ceux du Quercy
vers 1623 (3), ceux du Dauphiné en 1628, ceux de Normandie
en 1655 (4), si bien qu'à l'avènement de Louis XVI, un peu plus
du quart de la France avait seul conservé ses États provinciaux (5).

A la fin du règne de Louis XVI, nous voyons une nouvelle
réaction se produire dans le sens de la liberté, et, de 1778 à
1787, des arrêts du Conseil royal établirent des assemblées
provinciales dans toutes les provinces où il n'y avait plus
d'États, comme l'avaient demandé Fénelon, et, après lui, Turgot,
Necker et Mirabeau.

Les réformateurs de 1789, obéissant à la direction de l'opinion
publique, auraient fait pencher la balance vers la liberté si

(1) Voir Bibl. Nat. ms. fr. 21,421.
(2) *Annuaire historique pour l'année 1840*, publié par la Soc. de l'Hist.
de France, p. 157.
(3) *Ibid.*, p. 154.
(4) *Le Gouvernement de Normandie* par C. HIPPEAU, t. I, p. xv, note.
(5) D'après un travail paru dans l'*Annuaire historique pour l'année
1850*, publié par la Soc. de l'Hist. de France, le total de la superficie du
royaume en lieues carrées était vers 1768 de 27,932 ; or la superficie des
provinces suivantes qui étaient encore Pays d'États (Artois, Flandre wallonne,
Cambrésis, Bretagne, Auxerrois, Bourgogne, Bigorre, Comminges, Nebouzan,
Navarre, Béarn, Foix, les dix provinces de Languedoc, Provence), était de
7.153 lieues carrées ; de plus ce dernier chiffre ne semble pas comprendre
la superficie des Quatre-Vallées, du pays de Soule et du Donnezan, qui
serait par conséquent à y ajouter.

leurs mains inexpérimentées n'avaient laissé se déchaîner sur
la France et sur l'Europe le fléau dévastateur de la Révolution.

Le décret de janvier 1790 abolit les provinces et en même temps
leurs assemblées représentatives, supprimant à la fois les Pays
d'États, si fiers d'avoir conservé leur autonomie à travers tant
de siècles, et les pays d'Élections, auxquels, sous l'impulsion
des esprits les plus libéraux du xviiie siècle, la royauté venait
enfin de restituer des assemblées provinciales électives, accueil-
lies avec le plus vif enthousiasme par les populations (1).

Il est vrai que, remaniant la division administrative de
l'Ancien Régime, qui consistait en Généralités, où l'Intendant
représentait le pouvoir central et où l'assemblée provinciale
représentait les intérêts locaux, la Constituante improvisa à la
hâte une nouvelle division de la France en *départements* et
districts dont les administrateurs tous électifs exerçaient les
uns le pouvoir législatif et les autres le pouvoir exécutif. Cette
réforme si radicale eût pu produire les meilleurs effets si elle
avait été accomplie avec prudence et réflexion par un pouvoir
central fort et habitué au gouvernement d'un grand peuple,
mais confier à la fois les pouvoirs des intendants et ceux des
assemblées et États provinciaux à des gens inexpérimentés
choisis au hasard de l'élection dans un moment d'effervescence
était de la folie pure. Aussi, les nouveaux directoires de départements et de districts furent absolument impuissants à défendre
les personnes et les biens des Français contre les fureurs de la
Convention. Et, cruelle ironie, « après avoir détruit l'antique
et glorieuse monarchie nationale, si peu tyrannique que
le roi ne résista pas plus à ses bourreaux que ne l'eût
fait un mouton, voyant malgré tout dans tous les Français
ses enfants, ses amis, — et cela parce qu'on ne voulait plus du
gouvernement d'un seul homme, on se donna 749 maîtres ;
mais, en moins de dix-huit mois, ces 749 souverains remettaient
en tremblant leurs pouvoirs aux mains de 50 d'entre eux, les
Montagnards ; ceux-ci abdiquaient à leur tour devant le
Comité de Salut public, lequel ne tardait pas à trembler devant
Robespierre ; on était donc revenu au pouvoir d'un seul (2) »,

(1) Voir pour la Normandie, HIPPEAU déjà cité, t. I, p. XVI.
(2) Voir l'excellente *Histoire de la Révolution racontée aux petits
enfants*, par CH. D'HÉRICAULT, Gaume, 1889, p. 211.

mais au lieu d'un roi chrétien, paternel, dont la puissance était limitée par une foule d'usages et de droits protecteurs de la liberté des citoyens, on eut un tyran cumulant tous les pouvoirs, dont rien ne venait entraver la rage sanguinaire et qui fit en un jour plus de victimes que n'en avaient fait, pendant quatorze siècles, tous nos plus mauvais rois réunis.

Les rédacteurs de la Constitution de l'an VIII, témoins des épouvantables massacres qui produisirent ce qu'on appela justement le règne de la Terreur, se préoccupèrent fort peu des libertés locales, que les pouvoirs électifs improvisés par la Constituante avaient été si incapables de défendre ; la centralisation administrative reparut plus intense que sous l'ancien régime : le système électif disparut et partout l'action du pouvoir central fut directe et immédiate. L'*Intendant* renaît avec toutes ses attributions sous le nom de Préfet, le *Subdélégué* sous celui de *Sous-Préfet*, le maire lui-même n'est plus qu'un agent direct du pouvoir central et placé sous la surveillance du préfet ou du sous-préfet ; le Premier Consul, devenu bientôt empereur, nomme à tous les emplois, de sorte que la France entière est entre ses mains.

Sous la Restauration, le gouvernement était tout disposé à rendre à la France ses libertés, mais, comme l'a dit un auguste exilé, « le pays qu'on cherchait à faire représenter, n'était organisé que pour être administré » (1), de sorte qu'au lieu d'un régime représentatif sérieux nous avons été dotés du système parlementaire et nous avons gardé la bureaucratie. Depuis, la situation a toujours été en s'aggravant ; telle branche d'administration qui n'occupait, il y a un demi-siècle qu'un simple commis est successivement devenue un bureau, une division, une direction ; le nombre des fonctionnaires a décuplé, si bien que l'empereur Napoléon III écrivait lui-même dès 1858 : « Grâce à l'appareil législatif que nous a légué le passé, on ne peut pas remuer une pierre, creuser un puits, exploiter une mine, élever une usine, s'associer, et pour ainsi dire, user et abuser de son bien, sans la permission ou le contrôle du pouvoir central ; et de grands intérêts se trouvent souvent retardés

(1) Monseigneur le comte de Chambord, cité dans l'excellente étude de M. F. ROMANET DU CAILLAUD, *De l'autonomie municipale*, p. 95. (Féchoz, 1874.)

ou sacrifiés dans les degrés inférieurs de l'échelle administrative (1) ». On ne contestera pas la valeur d'une telle appréciation et il est également incontestable que depuis 1858 la
bureaucratie a fait d'incessants progrès.

§ III. — Inconvénients de la centralisation bureaucratique (2)

1° M. de Foville, chef du bureau de statistique du ministère
des finances, évaluait en 1889 le nombre des fonctionnaires à
461,000 individus, recevant comme traitement une somme de
550 millions de francs, c'est-à-dire presque les deux tiers de ce
que produisaient à la même époque tous les impôts directs et
taxes assimilées (3) ; ces chiffres, qui ne comprennent pas les
pensions de retraites sont certainement aujourd'hui bien
au-dessous de la réalité ;

2° Outre le tort grave d'être si coûteuse, la bureaucratie a
plusieurs autres inconvénients : « Quelle que soit la capacité
des fonctionnaires, dit Le Play, les citoyens sont toujours
moins bien servis dans ce régime qu'ils ne le seraient en faisant
eux-mêmes leurs affaires (4) » ;

3° Les bureaux n'ont ni personnalité, ni responsabilité, chaque

(1) Lettre de Napoléon III, (*Moniteur* du 30 août 1858), citée par LE
PLAY, *Réforme sociale*, III, p. 370.

(2) On remarquera que ce paragraphe est presque entièrement extrait de
la *Réforme sociale* de Le Play qui fut toute sa vie fonctionnaire (ingénieur
puis inspecteur général des mines et commissaire général aux expositions
universelles de 1855, 1862, 1867); il avait donc une certaine expérience du
sujet et ne saurait être taxé de malveillance préconçue. Nous déclarons en
outre que nous traitons la question à un point de vue absolument général et
que nous serions désolé qu'aucun des fonctionnaires du pays, avec lesquels
nous sommes du reste dans les meilleurs termes, vît dans nos paroles la
moindre intention de dénigrement ou d'hostilité. Nous sommes heureux
d'avoir cette occasion de rendre hommage à l'intégrité, à l'esprit de devoir, à
l'urbanité de l'immense majorité des fonctionnaires français, bien supérieurs,
croyons-nous, sur ces divers points, à ceux de plusieurs peuples voisins. En
signalant ce qui nous semble être un abus et un danger, nous croyons du
reste défendre leurs intérêts aussi bien que les nôtres, car ils sont citoyens
et pères de famille avant d'être fonctionnaires et ils sont plus souvent et
plus gravement exposés que tous autres à la tyrannie des sectaires.

(3) *La France Économique*, statistique raisonnée et comparative, par
ALF. DE FOVILLE, Colin, 1890, p. 61 et 426.

(4) Voir la *Réforme sociale*, III, p. 351.

fonctionnaire étant couvert par son supérieur hiérarchique en remontant ainsi jusqu'au ministre dont la responsabilité devant les Chambres est presque toujours absolument illusoire et en tout cas d'un usage peu pratique, et les tribunaux administratifs n'offrant qu'une garantie très aléatoire puisque l'Administration y est à la fois juge et partie (1) ;

4° Il arrive parfois que certains fonctionnaires en arrivent à se persuader que le public, obligé de les rechercher, leur doit une dose d'obéissance et de respect évidemment hors de proportion avec la part qu'ils détiennent de l'autorité publique.

Lorsqu'au lieu d'un particulier, il s'agit du représentant d'une commune, la chose nous semble encore plus inadmissible, et le fait pour un Préfet de révoquer un Maire régulièrement élu, mais ne comprenant pas comme lui l'interprétation d'une loi ou d'un règlement, est une façon au moins singulière de trancher un conflit d'attributions ;

5° « Plus la bureaucratie envahit le domaine de l'activité individuelle, et plus les causes d'irritation se multiplient. Ainsi naît dans les cœurs une sourde irritation contre l'ordre établi », éminemment favorable aux révolutions et aux bouleversements politiques ; et comme, d'un autre côté, « les Français sont habitués à compter exclusivement sur le gouvernement central pour le maintien de la paix, ils sont doublement exposés, aux époques où cette autorité devient défaillante, à subir des révolutions accomplies par une faible minorité » ;

Sixièmement, le goût des fonctions publiques détourne de plus en plus les jeunes gens des professions indépendantes et productives, agriculture, industrie ou commerce, et cela a pour résultat, d'un côté, de tarir les ressources de la richesse publique, puisque ceux qui auraient pu par leur activité

---

(1) « M. Hubert-Valleroux (aujourd'hui membre de l'Institut) observe qu'en fait les particuliers sont bien désarmés contre les abus de pouvoir de l'Administration. Quand, il y a quelques années, des milliers de religieux se sont vu jeter hors de leur domicile, ils n'ont pu, malgré leurs efforts, faire juger la validité de ces actes par aucune juridiction. Les exemples de particuliers lésés par le fait de fonctionnaires et qui ne peuvent se faire rendre justice abondent. Et l'on peut regretter que l'appréciation de ces faits soit soustraite aux tribunaux ordinaires. » Compte rendu de la réunion annuelle de la Société d'Économie Sociale et des Unions de la Paix Sociale, année 1896, t. II, p. 83.

augmenter la production du pays, vivent au contraire à ses crochets, et d'un autre côté, « rien ne contribue davantage à abaisser l'ancien caractère de la fière nation des Francs (1) » ;

Septièmement, la bureaucratie affaiblit les facultés d'une nation, comme le ferait une discipline qui empêcherait une race d'hommes d'agir et de penser (2) : « elle peut faire des sujets, mais non des citoyens » (3). Elle maintient en effet les peuples dans une véritable enfance et elle les rend incapables de ces viriles initiatives qui distinguent les peuples libres ; car elle les habitue à croire que l'État a qualité pour se charger de toutes les fonctions qui, dans une organisation normale de la société, appartiennent exclusivement aux individus et aux familles ; rien ne saurait mieux préparer aux décevantes utopies du socialisme ou communisme.

Enfin, le développement de la centralisation favorise l'accroissement indéfini et démesuré de la capitale aux dépens des provinces, ce qui, comme on l'a remarqué depuis longtemps, a pour résultat l'apoplexie au centre et la paralysie aux extrémités.

§ IV. — Remèdes

Pour remédier à ce fâcheux état de choses, Le Play, déjà cité, indique entre autres un remède qui nous semble excellent : « Pour atteindre le but sans mécompte, dit-il, il faudra se garder de modifier, d'après une conception systématique, le régime établi. Il suffira, tout en laissant d'abord intact le mécanisme actuel, de rendre chaque fonctionnaire responsable de ses actes devant les tribunaux de droit commun (4). Sous l'influence de ce principe salutaire, tous les agents de l'autorité publique, voulant toujours agir en parfaite connaissance

(1) Voir *La Réforme sociale,* p. 361.
(2) *Ibid.,* p. 365.
(3) F. ROMANET DU CAILLAUD, ouvrage déjà cité, p. 93.
(4) C'était du reste une des règles administratives qui permirent à l'organisation si vaste de l'empire romain de subsister tant de siècles. FUSTEL DE COULANGES, déjà cité, nous dit en effet, p. 104, que : « Le gouverneur, après l'expiration de ses pouvoirs, était tenu de demeurer cinquante jours dans sa province, afin de répondre à toutes les réclamations que ses administrés pouvaient porter contre lui. Les exactions des employés subalternes étaient frappées des peines les plus sévères ». Ce principe est également appliqué en Angleterre où il produit les meilleurs résultats.

de cause, restreindraient eux-mêmes leur autorité dans de justes limites ; par là même grandirait aussi la condition d'une multitude de fonctionnaires éminents qui cesseraient d'être anonymes et retrouveraient leur personnalité (1). » Ce principe appliqué aux représentants locaux des populations, maires et conseillers généraux suffit à faire tomber une des principales objections opposées jusqu'ici à la décentralisation par ceux qui redoutent moins de voir un pouvoir arbitraire aux mains d'un préfet qu'entre celles d'un maire ou d'un conseil municipal.

Le second remède qui nous semble indispensable est le rétablissement de nos vieilles provinces, — portant leurs *vrais noms*, dont l'usage redevient de plus en plus populaire et ne saurait choquer que les étrangers jaloux de nos gloires, — recouvrant à moins d'avis contraire des habitants leurs limites naturelles et traditionnelles, — jouissant enfin d'une véritable autonomie au moyen d'assemblées électives pourvues de toutes les attributions rentrant dans le domaine provincial, domaine limité d'un côté par celui de l'État et de l'autre par ceux de la commune, des associations et de la famille.

§ V. — Mouvement provincial

Chose curieuse, tandis que nous voyons Turgot, Malesherbes, Necker, s'élever contre la centralisation de l'Ancien Régime, Royer-Collard, Châteaubriand, M. de Villèle critiquer plus tard le même abus, dès qu'il fut de nouveau permis d'exprimer une opinion, puis Odilon Barrot (2), le comte de Chambord et Napoléon III également unanimes dans le même sens, aussi bien que Tocqueville et que Taine (pour ne parler que des morts), l'idée de la restauration des provinces et de leur autonomie fut beaucoup plus longtemps à naître et à se développer et c'est peut-être une des causes de l'échec subi jusqu'ici par toutes les tentatives de décentralisation ; car, sans recourir aux provinces qui ont déjà leur histoire, leurs traditions, leur vie propre, comment songer à décentraliser ?

Mais heureusement, la vérité finit par se faire jour de plus en

(1) *La Réforme sociale*, III, p. 374.
(2) Voir le très intéressant volume intitulé : *De la centralisation et de ses effets*, par M. Odilon Barrot, Paris, 1861.

plus : il y a cent ans, il y a même quatre-vingts ans, le nom
seul des anciennes provinces était considéré comme séditieux,
il fut ensuite toléré, il est redevenu populaire. Bien des preuves
permettent de constater le chemin parcouru dans ce sens :
lorsque la Savoie avait été réunie à la France au commencement
du siècle, elle avait formé deux départements : le Léman et le
Mont-Blanc ; lorsqu'elle fut de nouveau réunie sous Napoléon III,
elle conserva son nom et forma la Savoie et la Haute-Savoie ;
c'est affaire de mots, dira-t-on : peut-être, en tout cas cela n'eût
pas été possible en 1800. Dès 1834 se fondait l'*Association
Normande*, société s'occupant à la fois d'histoire, de littérature,
d'industrie, etc., l'une des premières en date, croyons-nous,
parmi les sociétés provinciales, longtemps peu répandues :
aujourd'hui il n'est guère de province qui n'ait au moins une
société dont les membres consacrent une partie de leur activité
à faire revivre les gloires locales et à resserrer les liens qui
unissent leurs habitants. Notre province du Perche prouve
aujourd'hui qu'elle ne veut pas rester en arrière de ses voisines,
et, en attendant le rétablissement de la *Calende du Corbonnais*
ou des *États du Perche*, vous avez voulu nous apporter votre
précieux concours pour la conservation de tout ce qui peut
intéresser notre histoire locale.

Après les nombreuses Sociétés formées dans presque toutes
les provinces où la vie littéraire reparut avec Jasmin et surtout
avec le sublime poëte et le grand français qu'est Mistral, il s'en
est formé à Paris même, où se retrouvent entre eux Bretons,
Provençaux, Limousins et Gascons, heureux de rencontrer
quelqu'un à qui ils puissent parler du clocher lointain, des
souvenirs et des affections communes ; ces réunions ont en
général un emblème servant à les désigner : les Toulousains
ont fondé la « Luzcrambo » (ver luisant), les Savoyards le
« Matafan », les Agenais la « Prune », etc.

Une association générale pour toute la France a surgi à son
tour pour prêter son appui aux groupements locaux : *La
Société d'ethnographie nationale et d'art populaire* a pour
programme « *la restauration de la vie provinciale par l'art et
les mœurs* » ; elle a tenu ses premières « *assises de la tradition
nationale* » en 1896 en Poitou, des fêtes semblables ont eu lieu
en 1897 au pays Basque, en 1898 en Normandie (à Honfleur), etc.

Une autre association tendant au même but par des moyens différents, la *Fédération régionaliste française*, tenait cette année même au mois de mai son deuxième congrès à l'hôtel des Sociétés Savantes, et les assistants adoptaient à l'unanimité des vœux relatifs à la décentralisation, spécialement au point de vue de l'enseignement.

Enfin, à l'exposition universelle de 1900, la renaissance provinciale s'est également affirmée : constructions souvent fort intéressantes rappelant tantôt des monuments célèbres, tantôt les types caractéristiques de l'architecture de nos différentes provinces, costumes de leurs habitants, tableaux ou dessins des sites ou curiosités du pays, etc., etc.

§ VI. — Origine et nature des « pays » ou « provinces » de France

Cette tendance générale à la reconstitution de nos vieilles provinces se développera sans doute de plus en plus à mesure que l'étude impartiale de l'histoire rendra plus évidente pour tous la vérité des faits suivants :

1° La plupart de nos provinces correspondent à peu près exactement aux quatre-vingts peuples ou États indépendants de la Gaule (dont une soixantaine sont nommés par Jules César) : « Il est digne de remarque, dit le savant Fustel de Coulanges, que ces vieux États gaulois ont conservé jusqu'à une époque très voisine de nous leur nom, leurs limites et une sorte d'existence morale dans les souvenirs et les affections des hommes. Ni les Romains ni les Germains, ni la féodalité ni la monarchie n'ont détruit ces unités vivaces ; on les retrouve encore dans les *provinces* et les *pays* de la France actuelle (1). » D'autres de nos provinces, comme la Normandie, la Bourgogne, la Franche-Comté, ont pour origine l'invasion des Normands, des Burgondes ; enfin celles qui apparaissent les dernières comme la Lorraine, le Perche, la Champagne, ont cependant une origine historique remontant assez haut pour les rendre également respectables ;

2° Nos provinces ne sont pas l'œuvre de la monarchie, puisque presque toutes sont bien antérieures à Hugues Capet et même

(1) *Hist. des Instit. polit. de l'ancienne France*, p. 7.

à Clovis, et les appeler « les provinces de l'Ancien Régime » serait un non-sens puisque ce sont au contraire les partisans du pouvoir absolu qui ont commencé, sous l'Ancien Régime, la destruction de nos libertés provinciales achevée par la Révolution ;

3° La suppression des provinces a été opérée contrairement au vœu formel exprimé dans les cahiers de 1789 dont voici le résumé sur cette matière : « La nation toute entière, clergé, noblesse, tiers-état, sans réserve, sans hésitation, demande l'application à la *province* et à la commune des principes reconnus indispensables pour le gouvernement central, c'est-à-dire l'installation, dans chaque province et dans chaque commune, d'une administration civile, librement élue, constituée et organisée (1) » ;

4° Les seules républiques modernes dignes d'être citées comme exemple, la Suisse et les Etats-Unis d'Amérique sont composées de provinces autonomes, gardant avec fierté leurs noms et leurs limites historiques et réglant souverainement tout ce qui rentre dans leurs attributions ;

5° « La vieille division gauloise, née du sol et des races, nous dit très bien Théophile Lavallée, la division par provinces a subsisté à travers les temps et les réformes ; elle est restée populaire comme la seule vraie, la seule historique, la seule rationnelle (2) ». Les divisions imposées par Jules César : Lyonnaise, Narbonnaise, Séquanaise — par les Francs : Neustrie, Austrasie, etc., — par l'Ancien Régime : Généralités, Gouvernements, ont disparu sans laisser aucune trace ni aucun regret, parce qu'elles n'avaient qu'une existense artificielle, étant de simples divisions administratives ;

6° Enfin, il n'est pas question de supprimer les divisions administratives actuelles, départements et arrondissements, qui ont remplacé les généralités et les subdélégations; elles ont leur raison d'être comme *champ d'action des représentants directs du pouvoir central* pour tout ce qui touche les intérêts vraiment nationaux, de même que les circonscriptions des Corps d'armées, des Préfectures maritimes, des Cours d'appel, des

(1) L. DE PONCINS, *Les Cahiers de 89*, p. 221.
(2) TH. LAVALLÉE, *Géogr. illustrée de la France*, p. XXVII.

Conservations forestières, etc., circonscriptions, qui, par la nature même des objets différents qu'elles concernent, doivent presque toujours être différentes les unes des autres ;

7° A l'inverse de toutes ces divisions administratives, plus ou moins logiques mais essentiellement variables, une province, au sens français du mot, n'a pas été délimitée par la volonté d'un souverain ou d'un législateur ; c'est un ensemble de paroisses, habitées par des gens ayant la même origine comme race, ayant obéi pendant des siècles à une législation spéciale : elle a par conséquent sa vie propre et forme non des *divisions*, mais des *membres vivants* de la patrie. Les provinces ne sont pas le résultat d'un sectionnement du territoire national, mais c'est, par une opération inverse, ce dernier qui a été constitué par la réunion de toutes les provinces.

Les provinces, et les provinces seules peuvent et doivent donc recouvrer leur ancienne autonomie perdue il y a cent onze ans pour les unes, il y a deux cents, deux cent cinquante ans, ou plus pour d'autres, lorsque la liberté, dont le nom est inscrit sur nos édifices publics aura des garanties réelles dans nos Codes. On nous répète souvent que nous sommes *souverains* : avant de rêver à la Couronne, peut-être serait-il plus sage de tâcher d'abord d'être maîtres chez nous ; et l'un des meilleurs moyens pour y arriver est de dire et de répéter la vérité avec preuves à l'appui, de façon à dissiper les malentendus et les légendes mensongères (1).

Mais l'autonomie provinciale n'est qu'une des parties, quoique partie intégrante, d'une question beaucoup plus vaste. Cette question dont il est indispensable de dire un mot ici sous peine de laisser ce qui précède à la fois sans base et sans objet (puisqu'une province ne peut se concevoir sans la famille et la

______

(1) Tout le monde sait qu'on a démoli la Bastille le 14 juillet 1789 et, quoique cet évènement ait été l'occasion de cruautés bien inutiles, personne ne regrette cette institution d'un autre âge, dont les grands seigneurs étaient ceux qui avaient le plus à souffrir ; mais bien des gens ne s'aperçoivent pas qu'au lieu d'*une bastille* nous en avons *362* dans la personne de nos *juges d'instruction*, investis du droit de faire arrêter qui ils jugent à propos, sur le vu d'une simple *lettre anonyme* et entre les mains desquels le *mandat d'amener* est une arme bien autrement attentatoire à la liberté individuelle que ne l'était jadis la *lettre de cachet* entre les mains du roi. Voyez : *Légendes et archives de la Bastille*, par F. Funck-Brentano, et *Les Lettres de cachet en blanc*, par le même auteur.

commune d'un côté, l'État de l'autre), n'est aucunement liée à la forme du gouvernement : elle se pose aussi bien dans les royaumes et les empires qui nous entourent que dans notre république, du reste elle ne date pas d'hier, mais de dix-neuf siècles et s'est présentée sous tous les régimes qui se sont succédé depuis lors. Aucun Français ne saurait se désintéresser de sa solution dont dépend l'existence même de la France et de la civilisation : il s'agit en effet d'une lutte de plus en plus poignante entre deux principes sociaux qui se disputent l'empire du monde et s'excluent forcément : celui de la tyrannie et celui de la liberté.

§ VII. — Conception tyrannique et rétrograde de l'État-dieu, liberté et progrès avec la conception chrétienne ou moderne de la Société (1).

Le premier principe, d'origine païenne (2), régissant encore aujourd'hui l'immobile Orient, a été propagé en France par les légistes à la fin du moyen âge ; appliqué avec tempérament sous l'Ancien Régime, avec la plus effroyable barbarie sous la Révolution, savamment organisé par l'Empire, battu en brèche avec plus d'apparence que de réalité par les gouvernements parlementaires, mais non représentatifs, du xix° siècle, il est prôné aujourd'hui dans toute son intégrité par les socialistes.

(1) Ce paragraphe que, d'après son titre, on pourrait croire entaché de *cléricalisme*, n'est cependant pas tiré des Pères de l'Eglise : ce n'est guère que le résumé fidèle d'ouvrages que nous citons, — d'*Odilon Barrot* l'un des hommes qui contribuèrent le plus à la Révolution de 1830 et surtout à celle de 1848, — de *Fustel de Coulanges*, professeur de lycée, puis maître de conférences à l'École Normale supérieure, — de *Taine*, également fonctionnaire de l'Université et dont les opinions libre-penseuses étaient aussi connues que sa science en histoire, enfin de *Proudhon* l'un des apôtres du socialisme.

(2) « Le prince, sous l'empire romain, n'était pas un représentant de Dieu ; il était un dieu..... il n'était pas dieu en vertu de son mérite personnel ; il était dieu parce qu'il était empereur..... c'était l'autorité publique qu'on adorait en sa personne. Cette religion n'était pas autre chose, en effet, qu'une singulière conception de l'État. ». *Histoire des Institutions politiques de l'ancienne France* par Fustel de Coulanges, p. 95.

« L'édifice social païen avait pour base l'esclavage et pour sommet César. En bas l'esclave sans droit, en haut un pouvoir sans frein, partout la terreur ; car la terreur fut la véritable loi du monde païen. » E. Demolins, *Les libertés populaires au moyen âge*, p. 7.

Dans ce système, l'individu, la famille, la commune, les groupements de communes, qu'on les nomme départements ou provinces, n'ont aucun droit qui leur appartienne en propre et ne peuvent prétendre à aucune autonomie, l'État, — qu'il se nomme Monarchie, Empire ou République, — étant seul maître absolu de tout et de tous, corps, âmes et biens, étant à la fois pédagogue, philanthrope, théologien, moraliste (1).

Dans ce système, l'*individu* n'a pas le droit de mener le genre de vie qui lui convient, de porter l'habit qui lui plaît, de s'associer à un ami même pour prier ou faire le bien ; le *père de famille* n'a pas le droit de faire élever ses enfants par les maîtres qu'il estime, ni de disposer de ses biens de la façon la plus avantageuse pour ses enfants ; *la commune* n'est plus qu'une fiction, puisque les délibérations de ses municipalités sont nulles quand elles n'ont pas la chance de plaire au préfet ; *le département*, enfin, qui remplace la *généralité*, mais non la *province*, n'a et ne peut avoir aucune autonomie véritable ni aucune vie propre (2).

Des enseignements du christianisme était découlé un autre système (3), absolument opposé : celui de la liberté et du progrès,

(1) Voir Taine : *Les Origines de la France contemporaine*, notamment : *la Révolution* t. III, livre 2, intitulé : *Le programme jacobin*, et dont voici un passage : « Construction logique d'un type humain réduit, effort pour y adapter l'individu vivant, ingérence de l'autorité publique dans toutes les provinces de la vie privée, contrainte exercée sur le travail, les échanges et la propriété, sur la famille et l'éducation, sur la religion, les mœurs et les sentiments, sacrifice des particuliers à la communauté, omnipotence de l'État, telle est la conception jacobine. *Il n'en est point de plus rétrograde*, car elle entreprend de ramener l'homme moderne dans une forme sociale que, depuis dix-huit siècles, il a traversée et dépassée. »

(2) « On peut dire qu'à partir de cette date, 31 mai 1793, la France a été rayée de nouveau de la liste des nations libres ; en changeant de gouvernement, elle n'a plus fait que changer de tyrannie. Désorganisée, désarmée, muselée, sans point de ralliement, *sans cohésion d'intérêts ailleurs que dans l'État*, ni reconnaissance d'autorité que celle des centres, elle a perdu jusqu'à la notion de son indépendance et de ses droits. Toute action propre lui est ôtée, toute tentative pour la ressaisir et que n'appuie pas l'un au moins des pouvoirs constitués, est réprimée à l'instant et impitoyablement. » PROUDHON, *Révolution sociale*, p. 21, édition de 1868.

(3) « Ce ne fut pas seulement une révolution morale et religieuse, ce fut aussi une révolution politique que le Christ opéra sur la terre, lorsqu'il dit ces mots : *Mon royaume n'est pas de ce monde* » et : « *Rendez à César ce qui appartient à César* ». Par ces seules paroles, il sépara à jamais le pouvoir religieux et le pouvoir politique, jusqu'alors confondus, et leur fit

qui permit à la France de prendre un si magnifique essor aux belles époques du moyen âge, et de devenir pour plusieurs siècles la plus puissante nation du monde : l'individu majeur peut disposer de sa personne suivant l'impulsion de sa conscience, fonder une famille ou se consacrer à Dieu et au soulagement des malheureux, la puissance paternelle et la dignité de la femme sont respectées, l'association est libre, pourvu qu'elle ne trouble pas l'ordre public, la commune n'est pas considérée comme mineure et s'administre librement ; la province jouit d'une autonomie complète pour le règlement de tout ce qui ne regarde que les intérêts provinciaux ; ceux qui président aux destinées de l'État peuvent alors concentrer leur force et leur intelligence à la solution des problèmes qui intéressent l'ensemble du pays : l'État n'est plus le monstre anonyme absorbant tous les droits individuels et locaux, mais au contraire le protecteur vigilant et le modérateur équitable de tous ces droits ; ceux-ci ont pour garantie suprême la Religion et le respect des lois de Dieu et de son Église, puisque la loi humaine perd sa force obligatoire par le seul fait qu'elle enfreint la loi divine établie par le Créateur dans l'intérêt de ses créatures, loi dont l'observation peut seule assurer leur bonheur, comme Le Play l'a constaté scientifiquement par l'observation scrupuleuse de la vie et de la constitution intime de tous les peuples de l'Europe et d'une partie de ceux de l'Asie. Ne l'oublions pas, la souveraineté du Christ, notre rédempteur et notre *libérateur*, est reconnue avec le même respect aujourd'hui par le président des États-Unis, par le roi d'Angleterre et par le Czar russe, qu'elle l'était jadis par nos rois très chrétiens. Tant que notre fameuse *Déclaration des droits de*

une part distincte. Il limita la domination de César au gouvernement extérieur ; il fit subir à l'État une profonde décentralisation ; car il lui enleva l'empire des croyances. » Odilon Barrot : *De la centralisation et de ses effets*, p. 37.

Taine (*La Révolution*, t. III, liv. ii) fait les mêmes constatations et voici les titres des premiers alinéas du chap. ii qu'il faudrait citer tout entier : « Conception rétrograde de l'État [dans le programme révolutionnaire]. — Analogie de cette idée et de l'idée antique. — Différence du monde antique et du monde moderne. — Changement dans les circonstances. — Changement dans les âmes. — La conscience et ses origines chrétiennes.— L'honneur et ses origines féodales ».

l'homme proclamée en 1789, ne sera pas précédée par les *Com-mandements* de Dieu, elle continuera à rester lettre morte.

Nous voilà bien loin, dira-t-on, de la Société Percheronne et de son musée naissant ; — pas si loin cependant qu'on pourrait le croire, c'est en effet l'espoir d'être utiles à la France, en apportant leur collaboration, si modeste fût-elle, au grand mouvement décentralisateur et provincial, qui a donné naissance, il y a onze ans, à la publication des *Documents sur la province du Perche* ; la même idée a présidé cette année à l'organisation de notre nouvelle Société et du musée strictement provincial, qui sera bientôt grâce à vous un nouveau lien d'affections et de souvenirs communs pour tous les habitants du pays.

(Extrait du *Bulletin de la Société Percheronne d'histoire et d'archéologie*)

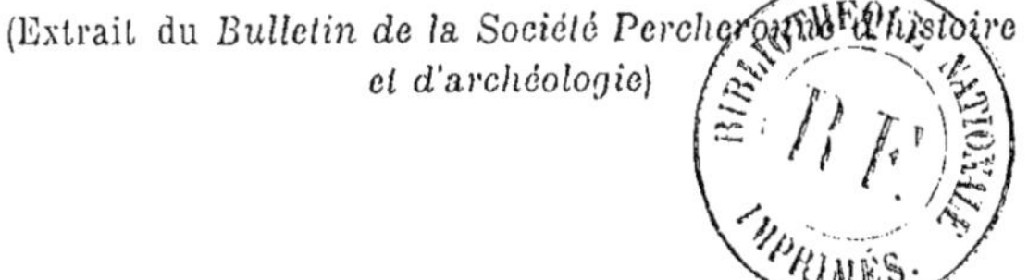

Bellême (Orne), imp. G. Levayer, 4, place au Blé

163

www.ingramcontent.com/pod-product-compliance
Ingram Content Group UK Ltd.
Pitfield, Milton Keynes, MK11 3LW, UK
UKHW021531080726
13613UKWH00008B/2087